Susanne Vogt

33 Übungen zur visuellen Wahrnehmung

Kurze Aufgaben und Rätsel zu beliebten Themen rund ums Jahr

PERSEN

Susanne Vogt lebt und arbeitet in der Schweiz. Sie hat bereits zahlreiche Lehrmittel veröffentlicht.

2. Auflage 2025

AAP Lehrerwelt GmbH
Veritaskai 3
21079 Hamburg
Telefon: +49 (0) 40325083-040
E-Mail: info@lehrerwelt.de
Geschäftsführung: Andrea Fischer, Sandra Saghbazarian
USt-ID: DE 173 77 61 42
Register: AG Hamburg HRB/126335

Autorschaft: Susanne Vogt
Illustrationen: Barbara Gerth sowie
Marion El-Khalafawi (Hacke S. 5, Schal S. 9/11/27/28, Tuschkasten S. 15, Adventskranz S. 17, Tannenzapfen S. 17, Badehose S. 19/27/28, Hockey S. 33, Rennrad S. 25/33, Flugzeug S. 25), Julia Flasche (Ball S. 5/23, Palme S. 7, Handschuh S. 11/12, Schneemann S. 5/11/12/17; Cowboy S. 13; Schlittschuh S. 11/12/33, Luftmatratze S. 19, Trinkflasche S. 19, Tennis S. 23, Krawatte S. 27/28, Kamera S. 29, Eiffelturm S. 29, Schiefer Turm von Pisa S. 29, Volleyball S. 33), Andrea Frick-Schnuggs (Walnuss S. 9), Fides Friedeberg (Damenhut S. 13, Stiefel S. 9/11/27/28, Mikroskop S. 21), Anke Fröhlich (Liegestuhl S. 7, Zauberstab S. 13, Eisenbahn S. 23, Schuh S. 27), Robert Gunkel/Christa Claessen (Elster S. 5, Spaten S. 5, Mütze S. 9, Muschel S. 19, Kaktus S. 21, Ballon S. 25, Helm S. 33), Ingrid Hecht (Kastanie S. 9, Mütze S. 9/12/27/28, Iglu S. 11/12, Netz S. 19, Muschel S. 19, Lineal S. 21, Federballschläger S. 33), Theresia Koppers (Tower Bridge S. 29, Kolosseum S. 29), Petra Lefin (Schaufel S. 5, betender Engel S. 17, Pyramide S. 29), Elisabeth Lottermoser (Kohlmeise S. 5, Amsel S. 5, Gießkanne S. 7, Computer S. 21, Federball S. 23/33, Rennauto S. 25), Rebekka Meyer (Brettspiel S. 23), Manuela Ostadal (Memospiel S. 23), Ari Plikat (Bagger S. 23/25), Katharina Reichert-Scarborough (Huhn, S. 15, Buchecker S. 9, Suppe S. 11, Geschenk uni S. 17, Krippe S. 17), Tania Schnagl/Robert Plötz (Holz S. 11), Jennifer Spry (Spiegel S. 13, Elbphilharmonie S. 29)
Satz: Satzpunkt Ursula Ewert GmbH, Bayreuth
Druck und Bindung: PMLS GmbH & Co. KG, Kassel

ISBN: 978-3-403-20132-8
www.persen.de

Inhaltsverzeichnis

Lösungen als digitales Zusatzmaterial

Vorwort

Eine gute visuelle Wahrnehmung ist eine wichtige Grundkompetenz, um vor allem in den Fächern Deutsch und Mathematik erfolgreich lernen zu können. Dazu gehören vor allem die Schärfung der Raum-Lage-Wahrnehmung, aber auch das Trainieren der Konzentrationsfähigkeit. Die vorliegenden Übungen setzen auf genau diese Schwerpunkte.

Die kurzen Übungseinheiten zu **17 verschiedenen Themen** können in regulären Stunden, aber auch während der Freiarbeit, flexibel und ohne Vorbereitungsaufwand eingesetzt werden. Da der Unterricht eng an den Jahreslauf gebunden ist, bietet Ihnen dieser Band auch zu den wichtigsten jahreszeitlichen Themen passende Materialien.

Jede Übungseinheit befasst sich mit einem Thema und besteht aus zwei Arbeitsblättern.

Das **erste Arbeitsblatt** ist immer ein Bilder-Suchsel, welches bewusst wimmelig gestaltet ist.
Die Aufgabenformate der Bilder-Suchsel sind immer gleich.
Zunächst gibt es eine Zählaufgabe, für deren korrekte Bearbeitung die Schüler[1] in unterschiedlichen Kategorien denken müssen. Hierbei können in einigen Fällen (je nach eigener Definition einer Kategorie oder vorhandenem Wissen) auch mehrere Lösungen korrekt sein. Die Bilder können zur optischen Hervorhebung auch pro Kategorie in einer eigenen Farbe angemalt oder einfach durchgestrichen werden. Allerdings ist hierbei zu beachten, dass manche Abbildungen mehreren Kategorien zuzuordnen sind, daher mehrfach gezählt werden und aufgrund dessen verschiedene Farben erhalten müssen. Auch ist zu beachten, dass manche Bilder gar nicht gezählt werden und „übrig bleiben".
Im Anschluss an diese Übung folgen einige Fragen, deren korrekte Antwort jeweils ein im Suchsel abgebildeter Gegenstand ist. Beide Übungen richten sich somit auch an das Allgemeinwissen der Schüler.

Das **zweite Arbeitsblatt** ist in der Regel eine Übung aus dem Bereich Raum-Lage-Wahrnehmung, aber auch Formdifferenzierung, Feinmotorik und Konzentration können hierbei gefordert sein. Je nach Aufgabenformat kann der Schwerpunkt unterschiedlich gesetzt sein.

Alle Übungseinheiten bearbeiten die Kinder selbstständig und in ihrem eigenen Tempo. Die immer wiederkehrenden Aufgabenformate ermöglichen auch Kindern Erfolgserlebnisse, die Mühe haben mit rasch wechselnden Aufgabenformaten.
Damit die Kinder die Arbeitsblätter selbstständig lösen können, sollten die Übungen zunächst genau eingeführt werden. Es bietet sich an, ein Suchsel mit der ganzen Klasse gemeinsam zu lösen. Dies dient dazu, dass die Kinder die Scheu vor den komplex aussehenden Arbeitsblättern verlieren und nachfolgend alleine arbeiten können.

Über den Downloadcode auf der Umschlaginnenseite können die **Lösungen** heruntergeladen werden. Sie sind vor allem als Kontrollmöglichkeit für den Lehrer gedacht. Lösungsmöglichkeiten können beim ersten Arbeitsblatt eines Themas variieren. Die Lösungen zum jeweils zweiten Arbeitsblatt können auch den Schülern zur selbstständigen Kontrolle zur Verfügung gestellt werden.

Ich wünsche Ihnen und Ihren Schülern nun viel Freude beim Trainieren!

Ihre *Susanne Vogt*

[1] Wir sprechen hier wegen der besseren Lesbarkeit von Schülern bzw. Lehrern in der verallgemeinernden Form. Selbstverständlich sind auch alle Schülerinnen und Lehrerinnen gemeint.

Suche im Bild und zähle. Schreibe die Anzahl auf.

Alle Blumen: _____

Alle Vögel: _____

Alle Tiere: _____

Alles für die Gartenarbeit: _____

Alles, worauf man fahren kann: _____

Alles, was nicht zum Frühling passt: _____

Alle Tiere, die fliegen können: _____

Alle Vögel, die nach links schauen: _____

Beantworte die Fragen.

Was kann rollen? ______________________________

Was wird gern von der Katze gejagt? ______________________________

Welches Tier lockert die Erde im Garten? ______________________________

Welches Tier bestäubt die Blüten von Pflanzen und Bäumen? ______________________________

Aus welchem Tier wird ein Schmetterling? ______________________________

Die Raupe Irmgard läuft durch den Garten. Sie kommt an vielen Dingen, Pflanzen und Tieren vorbei. Zeichne ihren Weg ein. Hake ab.
R = rechts, L = links, O = oben, U = unten

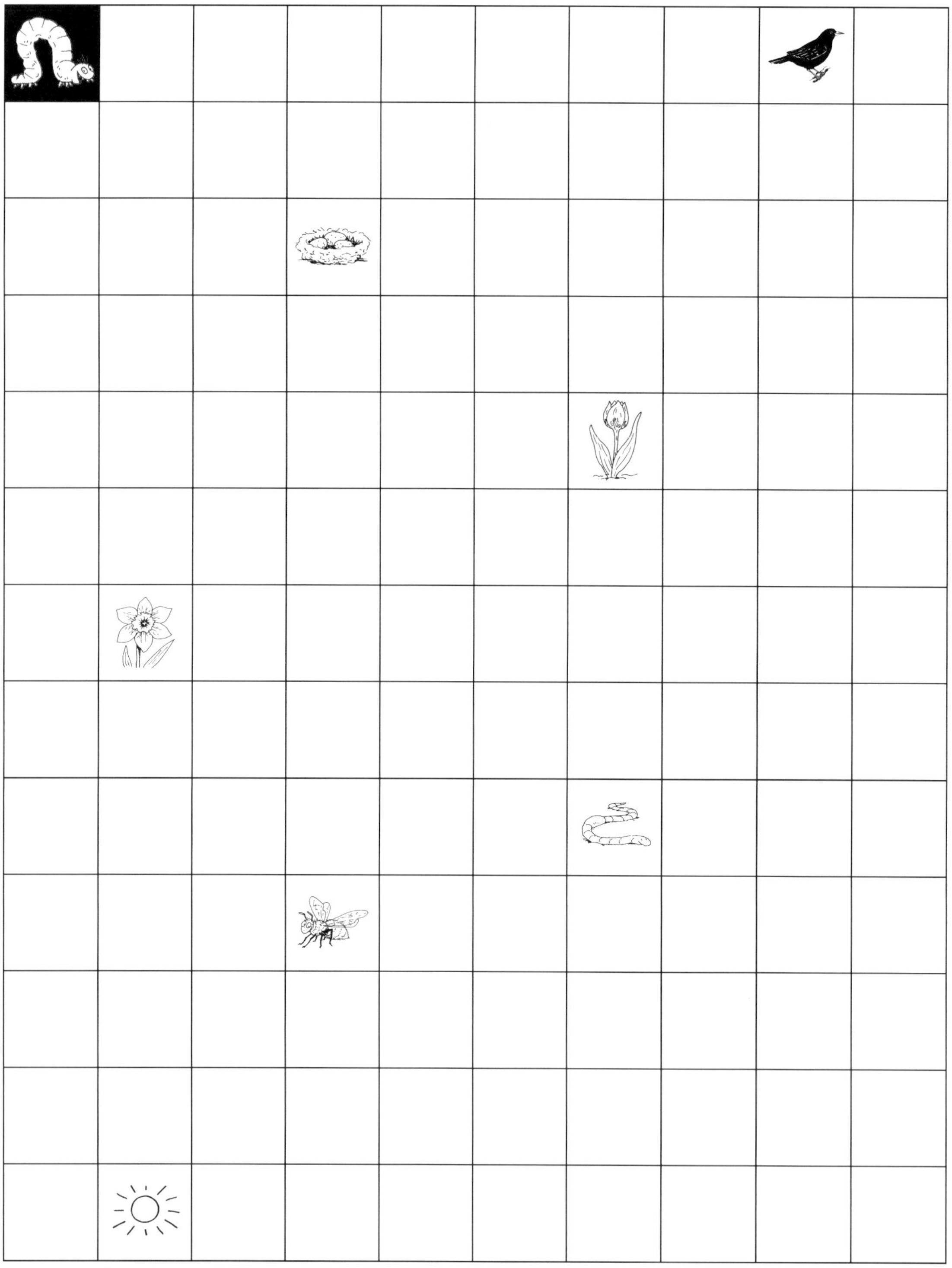

- **2 U** ☐
- **5 R** ☐
- **4 U** ☐
- **1 R** ☐
- **3 U** ☐
- **3 L** ☐
- **3 O** ☐
- **2 L** ☐
- **5 U** ☐
- **8 R** ☐

Das sieht die Raupe Irmgard auf ihrem Weg:

_______________ _______________ _______________ _______________

Suche im Bild und zähle. Schreibe die Anzahl auf.

Alle Tiere: _____

Alles, was wärmt: _____

Alles, was Stoff enthält: _____

Alles, was mit „M" beginnt: _____

Alle Kleidungsstücke: _____

Alles, was man essen kann: _____

Alle Pflanzen: _____

Alles, was vor der Sonne schützt: _____

Beantworte die Fragen.

Was findest du bestimmt nicht am Strand? ______________________________

Was enthält das Wort Sonne? ______________________________

Was kannst du nicht bewegen? ______________________________

Was brauchst du nur im Notfall? ______________________________

Worin kannst du dich ausruhen? ______________________________

Welche Wörter sind gesucht?
Jede Blume steht für einen Buchstaben.
Die dunklen Blumen stehen für Selbstlaute,
die weißen für Mitlaute.
Tipp: Das Suchsel auf der vorherigen Seite
hilft dir.

Suche im Bild und zähle. Schreibe die Anzahl auf.

Alle Tiere: _____

Alle Kleidungsstücke: _____

Alles, was Stacheln hat: _____

Alle heißen Getränke: _____

Alle Blätter: _____

Alles, was vom Menschen gemacht ist: _____

Alle Früchte: _____

Alle Mützen: _____

Beantworte die Fragen.

Welcher Schuh verhindert nasse Füße? ____________________

Was kannst du bei Wind steigen lassen? ____________________

Welches Tier frisst der Igel gern? ____________________

Was vergräbt das Eichhörnchen als Wintervorrat? ____________________

Zu welchem Baum gehören die runden Stachelfrüchte? ____________________

Schau genau, wohin die Stiele der fallenden Herbstblätter zeigen. Male alle Blätter nach Vorgabe an. Notiere die Anzahl.

Zeigen nach oben: rot ______ Zeigen nach rechts: gelb ______

Zeigen nach unten: grün ______ Zeigen nach links: braun ______

Suche im Bild und zähle. Schreibe die Anzahl auf.

Alle Kleidungsstücke: _____ Alle Schuhe: _____

Alles, was schmilzt: _____ Alles, was wärmt: _____

Alle Sportarten: _____ Alles, was man aus Schnee bauen kann: _____

Alle Wetterzeichen: _____ Alles, was nicht zum Winter passt: _____

Beantworte die Fragen.

Womit kannst du einen verschneiten Hügel runtersausen? ____________________

Was wird mit Holz angefeuert? ____________________

Wie nennt man ein Haus aus Schnee? ____________________

Womit wird Holz zerteilt? ____________________

Mit welchem Essen kannst du dich aufwärmen? ____________________

Winter: Sudoku

Schneide die kleinen Bilder aus. Lege sie an den richtigen Platz im Sudoku.

Suche im Bild und zähle. Schreibe die Anzahl auf.

Alle Tiere: _____

Alle Masken: _____

Alle Hüte: _____

Alles, was fliegen kann: _____

Alle Fantasiefiguren: _____

Alle, die zaubern können: _____

Alles, was man zum Schminken braucht: _____

Alle Frauen: _____

Beantworte die Fragen.

Welches Tier ist ein Fantasiewesen? ______________________

Was schmückt den Kopf des Indianers? ______________________

Wer ist halb Mensch und halb Fisch? ______________________

Wer bringt die Menschen zum Lachen? ______________________

Wer plündert mit seinen Freunden fremde Schiffe? ______________________

Male alle Clowns richtig an. Lies dazu den Text.

Der Erste von rechts hat eine orange Hose.

Der Zweite von links hat rote Haare.

Der Dritte von rechts hat eine lila Nase.

Der Erste von links hat eine rote Fliege.

Der Zweite von rechts trägt eine grüne Hose.

Der Vierte von rechts hat gelbe Schuhe.

Beantworte die Fragen.

Wo ist der Clown mit Leiter?

Zweiter von links / Fünfter von rechts

Wo ist der hüpfende Clown?

Wer hat die lila Nase?

Wer trägt eine gepunktete Hose?

Wo ist der Konfettiwerfer?

Welcher Clown hat die Hände in den Taschen?

Welchem Clown ist es zu laut?

Suche im Bild und zähle. Schreibe die Anzahl auf.

Alle Tiere: _____

Alle Blumen: _____

Alle Eier: _____

Alles, was mit „H" beginnt: _____

Alle Insekten: _____

Alle Malsachen: _____

Alles, was süß schmeckt: _____

Alle Tiere, die fliegen können: _____

Beantworte die Fragen.

Wer hoppelt und bringt die Ostereier? ______________________________

Wie nennt man ein junges Schaf? ______________________________

Was ist ein Symbol für die Liebe? ______________________________

Was kann rollen? ______________________________

Wer legt die Ostereier? ______________________________

Schau dir die Bilder genau an. Nummeriere sie in der richtigen Reihenfolge.

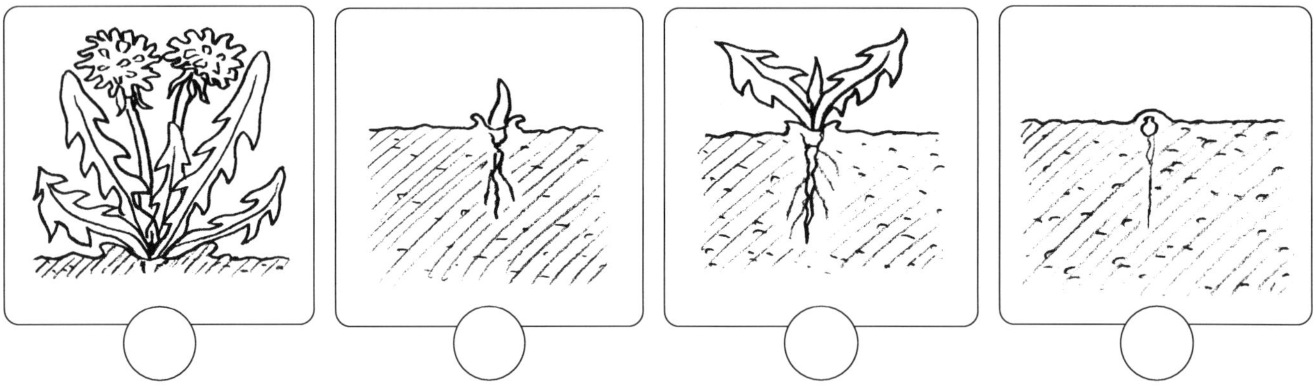

Suche dir eine Bilderfolge aus. Schreibe eine Geschichte dazu.

Suche im Bild und zähle. Schreibe die Anzahl auf.

Alle Kerzen, die brennen: _____

Alles Gebäck: _____

Alles, was Nadeln hat: _____

Alle Tannenzapfen: _____

Alle Gewürze: _____

Alle Geschenke: _____

Alle Sterne: _____

Alle Engel, die nach links schauen: _____

Beantworte die Fragen.

Womit wird der Weihnachtsbaum geschmückt? ______________________________

Wer liegt in der Krippe im Stall? ______________________________

Wer schmilzt bei Wärme? ______________________________

Wie viele Kerzen hat der Adventskranz? ______________________________

Welche Figur hat Flügel? ______________________________

Welche der gezeigten Teile sind nicht im Bild zu finden? Kreuze sie an.

Suche im Bild und zähle. Schreibe die Anzahl auf.

Alle Wassertiere: _____

Alles, was Luft enthält: _____

Alle Muscheln: _____

Alle Tiere, die Eier legen: _____

Alle Kleidungsstücke: _____

Alle Tiere, die fliegen können: _____

Alle Getränke: _____

Alles, was ein Taucher braucht: _____

Beantworte die Fragen.

Welche Tiere leben nicht im Meer? ______________________________

Welches Gebäude findet man oft am Meer? ______________________

Womit werden Fische gefangen? ____________________________

Welches Möbelstück findest du am Strand? ______________________

Was brauchst du, wenn du noch nicht schwimmen kannst? ______________

Finde die zehn Fehler im unteren Bild. Umkreise sie.

Schreibe zwei Sätze zum Bild.

Suche im Bild und zähle. Schreibe die Anzahl auf.

Alle Schreibsachen: _____

Alles für die Pause: _____

Alles aus Papier: _____

Alle Papierflieger: _____

Alles für den Sportunterricht: _____

Alles, was man für die Tafel braucht: _____

Alle Stifte: _____

Sachen, die mit „Sch" anfangen: _____

Beantworte die Fragen.

Was gibt es auf dem Pausenhof? ______________________________

An welcher Pflanze kann man sich verletzen? ______________________________

Womit kann man gerade Linien zeichnen? ______________________________

Womit kann man kleine Dinge vergrößert sehen? ______________________________

Welcher Gegenstand besteht aus gefaltetem Papier? ______________________________

Betrachte das Bild genau. Gib an, wo du diese Dinge findest.

Globus C 1 — Bleistift ____________

Lineal ____________ — Mikroskop ____________

Schere ____________ — Heft ____________

Farbkasten ____________ — Schwamm ____________

Schreibe auf, was im angegebenen Quadrat zu sehen ist.

E 4 ____________ — C 1 ____________

B 6 ____________ — A 3 ____________

Suche im Bild und zähle. Schreibe die Anzahl auf.

Alle Fahrzeuge: _____

Alle Ballspiele: _____

Alles zum Hüpfen: _____

Alle Brettspiele: _____

Alle Musikinstrumente: _____

Alles mit vier Rädern: _____

Alle Puzzleteile: _____

Alles zum Tauchen: _____

Beantworte die Fragen.

Für welches Spiel brauchst du ein gutes Gedächtnis? ______________________

Womit machst du Musik? ______________________

Womit kannst du weit entfernte Dinge vergrößert sehen? ______________________

Was ist ein beliebtes Kuscheltier? ______________________

Für welche Farben brauchst du Wasser und Pinsel? ______________________

Male jeweils das richtige Feld an. Achte auf die Angaben.

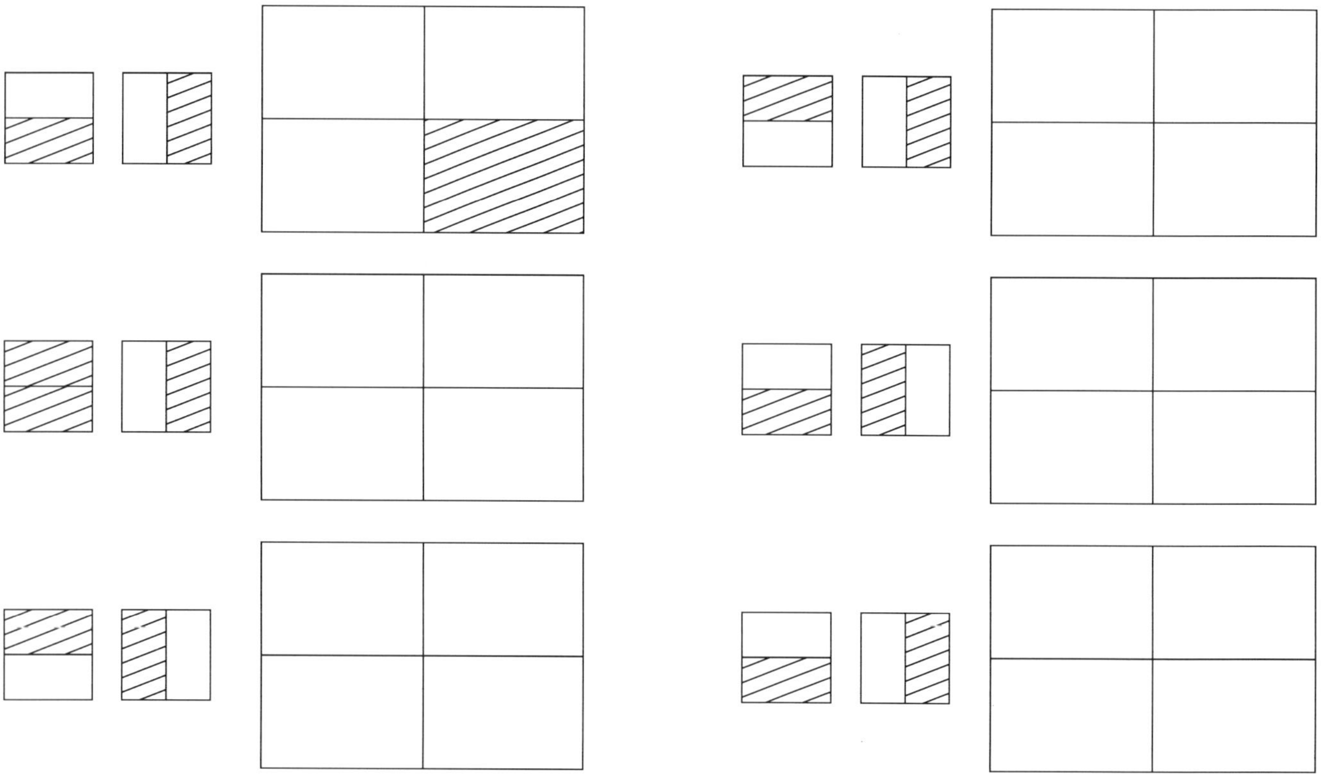

Male die Spielsachen an der richtigen Stelle ins Raster. Lies die Angaben.

B = **Ball** **S** = **Springseil** **T** = **Teddy** **A** = **Auto**

B: OL[1]
T: UR
S: OR
A: UL

T: UL
A: OL
B: OR
S: UR

B: UL
T: UR
A: OR
S: OL

S: UL
T: OR
A: OL
B: UR

[1] OL = oben links, UR = unten rechts, OR = oben rechts, UL = unten links

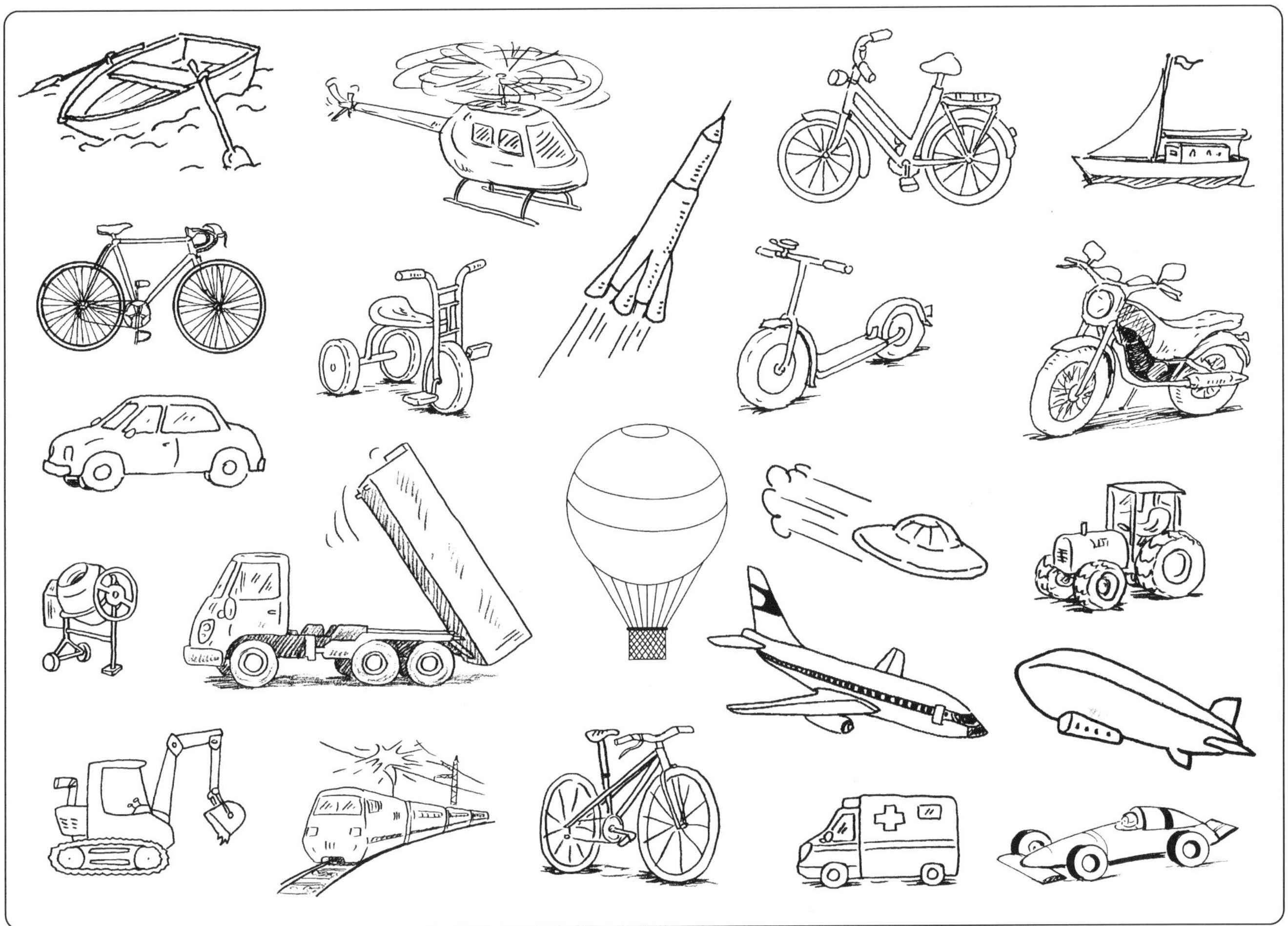

Suche im Bild und zähle. Schreibe die Anzahl auf.

Alle Luftfahrzeuge: _____

Alle Baustellenfahrzeuge: _____

Alles mit zwei Rädern: _____

Alles mit Motor: _____

Alles ohne Motor: _____

Fahrzeuge, die Kinder fahren dürfen: _____

Alles mit vier Rädern: _____

Alle Wasserfahrzeuge: _____

Beantworte die Fragen.

Welches Fahrzeug fährt auf Schienen? ______________________________

Was kann keine Personen transportieren? ______________________________

Wie nennt man ein unbekanntes Flugobjekt auch? ______________________________

Welches Fahrzeug ist auf einem Bauernhof besonders wichtig? ______________________________

Welches Luftfahrzeug braucht keinen Motor? ______________________________

Betrachte das Bild genau. Welche Fahrzeuge erkennst du?
Fahre die Umrisse eines jeden Fahrzeugs mit einer anderen Farbe nach.

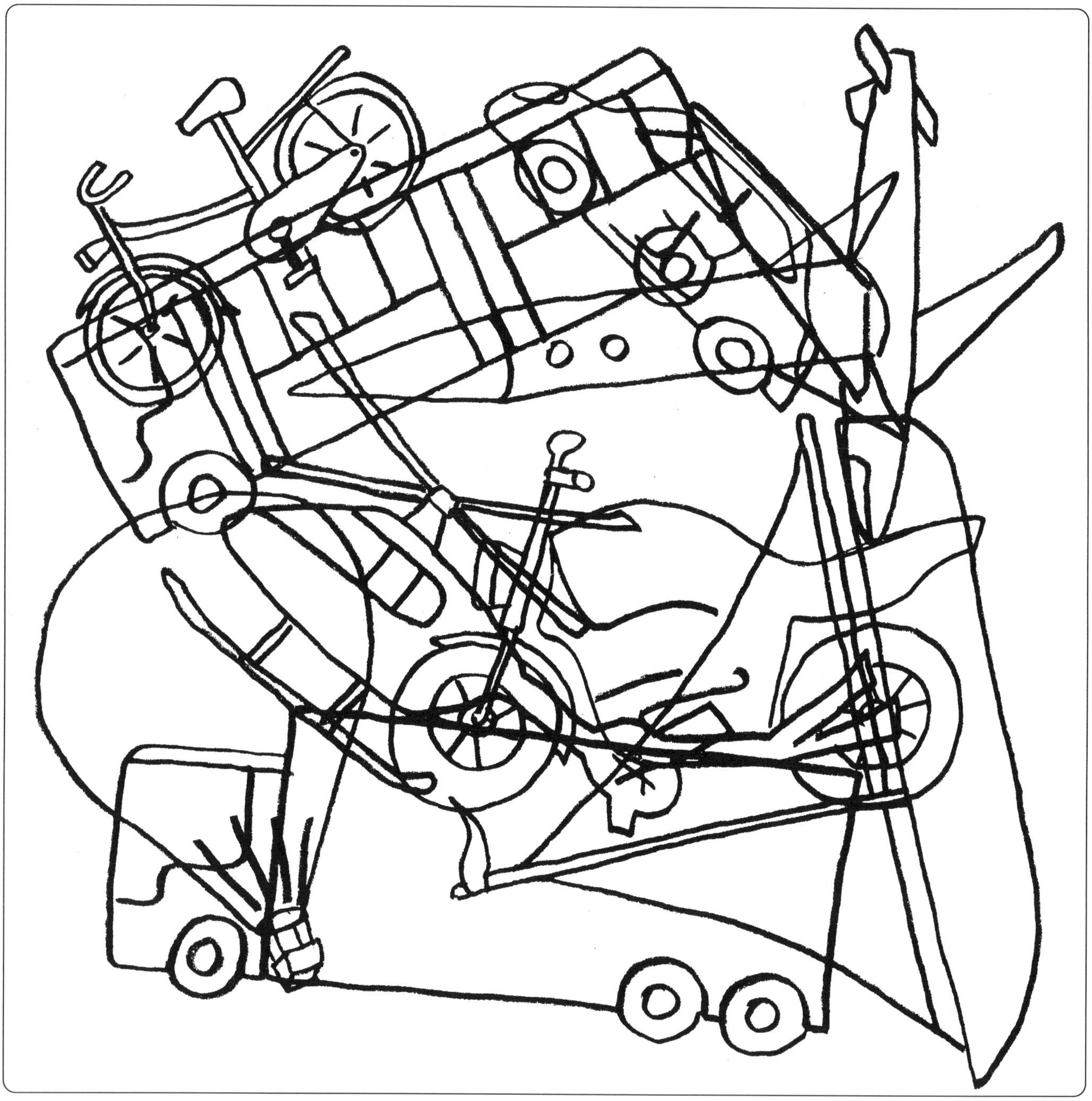

Welche Fahrzeuge siehst du? Kreuze an.

- ☐ Auto
- ☐ U-Bahn
- ☐ Bus
- ☐ Fahrrad
- ☐ Helikopter
- ☐ Lkw
- ☐ Flugzeug
- ☐ Motorrad
- ☐ Segelboot
- ☐ Rakete
- ☐ Heißluftballon
- ☐ Tretroller

Suche im Bild und zähle. Schreibe die Anzahl auf.

Alle Schuhe: _____

Alle Winterkleidung: _____

Alle Sommerkleidung: _____

Alle Jacken: _____

Alle Sockenpaare: _____

Alle Kopfbedeckungen: _____

Alle Schuhe, die nach rechts zeigen: _____

Alle Socken, die nach links zeigen: _____

Beantworte die Fragen.

Was binden sich vor allem Männer manchmal um den Hals? ______________

Was ist statt Hosen vor allem bei Frauen im Sommer beliebt? ______________

Welche Schuhe werden nicht im Winter getragen? ______________

Welchen „Schuh" trägst du im Winter an den Händen? ______________

Welche Kopfbedeckung trägst du vor allem im Winter? ______________

Schneidet die Kärtchen unten aus. Ein Kind liest die Beschreibung vor, das andere legt die Kleiderkärtchen an die richtige Stelle. Kontrolliert und wechselt dann ab. Denkt euch selbst ein Diktat aus.

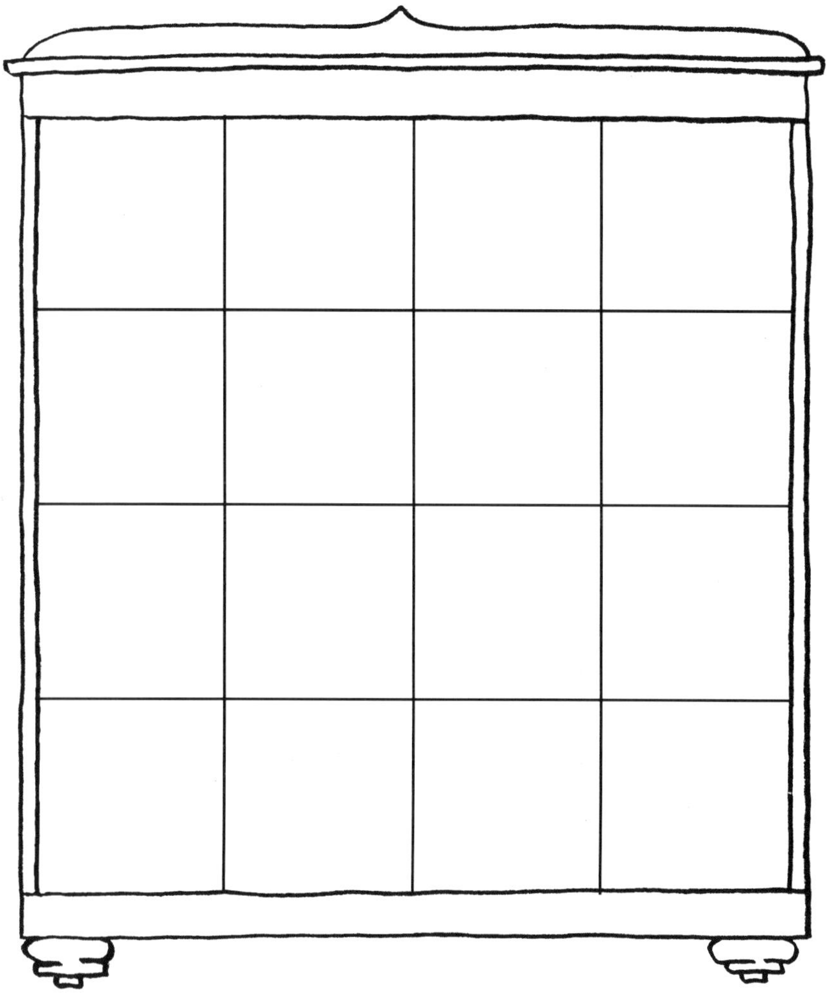

Oben links ist die Badehose.
Direkt darunter liegt die Jacke.
Das Feld neben der Jacke bleibt leer, direkt rechts davon ist der Bikini.
Unter dem Bikini ist der Schuh.
Links vom Schuh ist der Hut.
Ganz rechts unten ist der Schal.
Drei Felder oberhalb des Schals ist die Krawatte.
Zwischen Jacke und Bikini ist das Hemd.

Suche im Bild und zähle. Schreibe die Anzahl auf.

Alle Brücken: _____ Alles, was eine Person zeigt: _____

Alles mit Fenstern: _____ Alles, was keine Sehenswürdigkeit ist: _____

Alle Türme: _____ Alles, was nicht von Menschen gebaut wurde: _____

Beantworte die Fragen.

Wie heißt das bayrische Märchenschloss? ______________________

Welche Figur steht im Hafen von New York? ______________________

Wie heißt der berühmte Turm in Paris? ______________________

Was wurde von den Ägyptern erbaut? ______________________

Wo fanden im alten Rom die Gladiatorenkämpfe statt? ______________________

Welches Bauwerk steht in Berlin? ______________________

Tritt ein in das Labyrinth. Folge dem Weg und male ihn genau aus.
Auf diese Weise löst du das Rätsel.

Welche Sehenswürdigkeit siehst du? ______________________________

Suche im Bild und zähle. Schreibe die Anzahl auf.

Alle Getränke: _____

Alles Obst: _____

Alles Fleisch: _____

Alles Besteck: _____

Alles Gemüse: _____

Alle Milchprodukte: _____

Alle Süßigkeiten: _____

Alle Lebensmittel, die mit „M“ anfangen: _____

Beantworte die Fragen.

Was wird aus Teig hergestellt? ______________________________

Was wächst unter der Erde? ______________________________

Welche Frucht ist gelb und sauer? ______________________________

Was wird aus Kartoffeln hergestellt? ______________________________

Was isst du am liebsten? ______________________________

Essen und Trinken: Paare finden

Finde in jeder Zeile das Lebensmittel, das genauso aussieht wie das erste. Male es farbig aus.

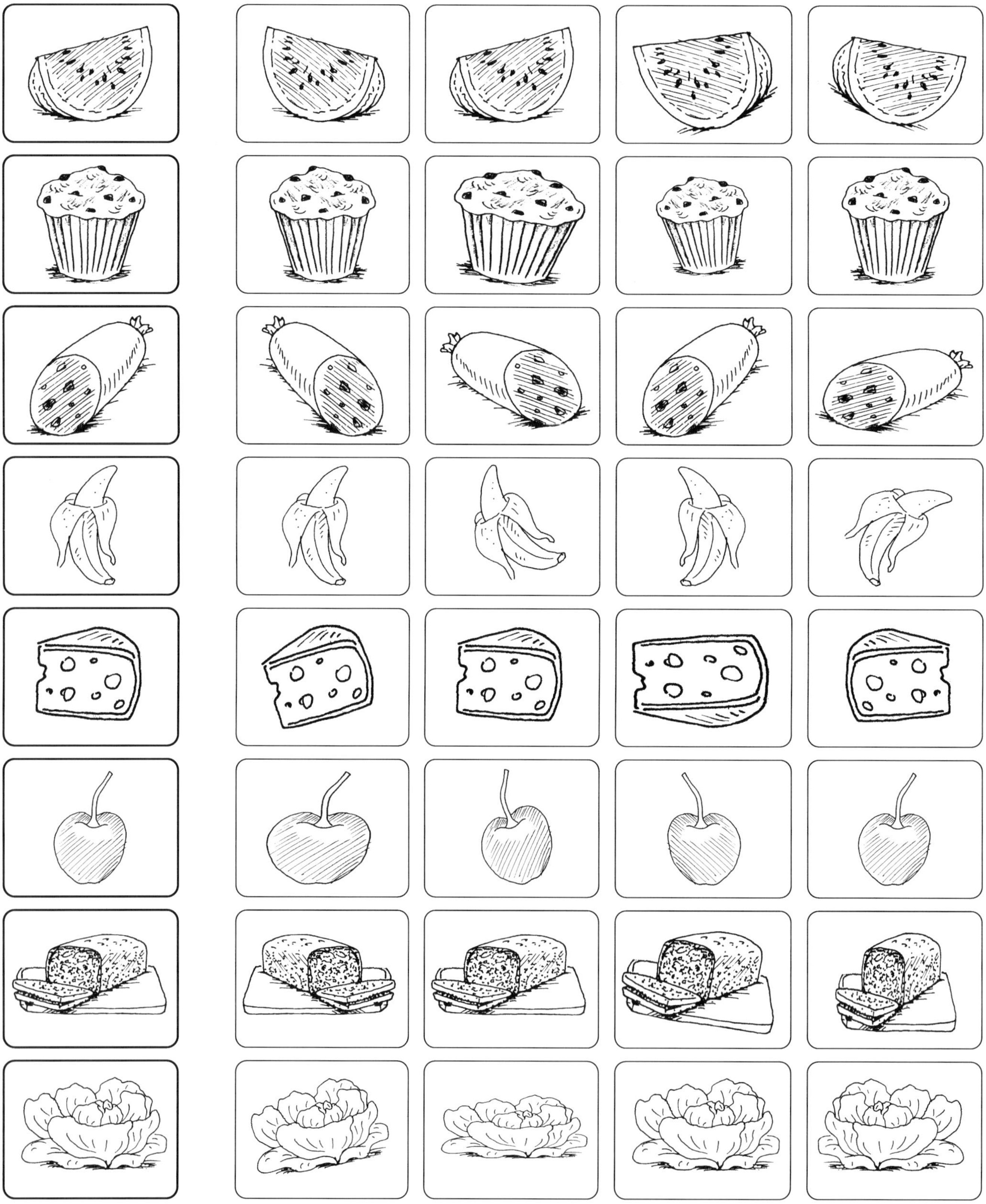

Welche Leckerei kommt auf der vorherigen Seite nicht vor?

____

Suche im Bild und zähle. Schreibe die Anzahl auf.

Alle Bälle: _____

Alle Tiere: _____

Alle Räder: _____

Alle Schläger: _____

Alle Personen: _____

Alles, was nichts mit Sport zu tun hat: _____

Alles, was man am Fuß trägt: _____

Alles, was man unter Wasser braucht: _____

Beantworte die Fragen.

Was zählt zum Wintersport? ____

Welche Sportarten macht man im Team? ______________________________

Was braucht ein Reiter? ____

Für welche Sportarten sollte man einen Helm tragen? _________________

Welcher Ball ist nicht kugelrund? ______________________________________

Sport: Formen finden

Suche die Umrisse im Bild. Fahre sie mit der angegebenen Farbe nach.

 = rot

 = grün

 = blau

 = lila

Suche im Bild und zähle. Schreibe die Anzahl auf.

Alle Hunde: _____

Alle Nagetiere: _____

Alle Nutztiere: _____

Alle Tiere, die kein Fell haben: _____

Alle Huftiere: _____

Alle Katzen: _____

Alle Tiere, die Federn haben: _____

Alles, was kein Tier ist: _____

Beantworte die Fragen.

Was naschen vor allem Mäuse gern? ______________________

Welches Tier kann sehr alt werden und hat einen Panzer? ______________________

Worin serviert man Tieren ihr Fressen? ______________________

Welches Reittier wird mit einer speziellen Bürste gestriegelt? ______________________

Worauf kaut ein Hund gerne herum? ______________________

Finde in dem Durcheinander jeweils zwei gleiche Tiere.
Male beide mit derselben Farbe an.

Notiere hier, wer nur einmal zu sehen ist.

______________________ ______________________

______________________ ______________________

Suche im Bild und zähle. Schreibe die Anzahl auf.

Alle Vögel: _____

Alle Säugetiere: _____

Alle Tiere, die Eier legen: _____

Tiere, die mit „F" anfangen: _____

Alle Tiere ohne Beine: _____

Tiere, die es nicht gibt: _____

Alle Tiere, nach rechts schauen: _____

Alle Tiere, die fliegen können: _____

Beantworte die Fragen.

Welches Tier gibt es zweimal im Bild? ______________________________

Welcher Vogel kann nicht fliegen? ______________________________

Welches Tier ist ein Insekt? ______________________________

Welches Tier hat acht Beine? ______________________________

Welches Säugetier kann fliegen? ______________________________

Wildtiere: Bild kopieren

Kopiere das Tier von links in das leere Raster rechts.
Achte dazu genau auf die Kästchen.

Male das Tier passend zur Beschreibung an. Ergänze Fehlendes.
Streiche durch, was du erledigt hast.

- ☐ Der Dino hat rote Punkte.
- ☐ Sein Auge ist gelb.
- ☐ Der Dino hat braune Zehennägel.
- ☐ Sein Körper ist orange.
- ☐ Der Dino streckt seine lange rote Zunge heraus.
- ☐ Auf seinem Rücken sind lila Zacken.